Unter sozialen Werten verstehen wir die vielen ungeschriebenen Verhaltensregeln, an die wir uns im täglichen Leben halten sollten. Meist geht das von selbst, weil wir die Regeln ganz normal finden: warten, bis man an der Reihe ist, jemandem den Weg zeigen, anderen zuhören, „Bitte" und „Danke" sagen … Soziale Kompetenz ist sehr wichtig, weil sie uns beziehungsfähig macht und uns ermöglicht, uns einer Gruppe gut anschließen zu können.

Für junge Kinder sind soziale Werte neu. Spielzeug zu teilen, zusammen zu spielen, einem anderen Kind zu helfen … das alles sind wichtige Herausforderungen. Dieses Buch bietet Ihnen als Erziehungsperson die Möglichkeit, Kinder spielerisch und alltagsnah an das Thema soziale Kompetenz heranzuführen. Es gibt nichts Schöneres, als ein Kind beziehungsfähig zu machen. Blättern Sie um und lesen Sie los!

Dieses Buch ist
auf Papier aus
nachhaltiger
Forstwirtschaft
gedruckt.

5 4 3 2 1   29 28 27 26 25
ISBN 978-3-649-64973-1
© 2025 für die deutschsprachige Ausgabe
Coppenrath Verlag GmbH & Co. KG,
Hafenweg 30, 48155 Münster, Germany
CH: Baumgartner Bücher AG, Industrie Nord 9, 5634 Merenschwand
Deutscher Text von Andrea Kluitmann
© für die Originalausgabe: Ik, jij en wij sociale waarden. Ik kan wachten. Alles over geduld by Pauline Oud.
First published in Belgium and the Netherlands in 2022 by Clavis Uitgeverij.
Text and illustrations copyright © 2022 Clavis Uitgeverij. All rights reserved.
Text und Illustration: Pauline Oud
www.coppenrath.de

Pauline Oud

Alles über Geduld

Aus dem Niederländischen von Andrea Kluitmann

COPPENRATH

Was ist Geduld?

Warten

„Samstag habe ich Geburtstag!" Lukas schaut stolz. „Nur noch dreimal schlafen."

„Darf ich zu deiner Party kommen?", fragt Marie.

„Ich möchte auch!", ruft Rafi.

Lukas seufzt. „Ich wünschte, ich hätte jetzt schon Geburtstag!"

„Wenn du etwas sehr gern möchtest, ist es schwierig, Geduld zu haben", erklärt Kim,

die Erzieherin. Sie schaut sich im Stuhlkreis um. „Aber was ist das eigentlich, Geduld?"

Hanna zeigt auf. „Dass du warten kannst! Und dann nicht sauer wirst. Du musst

an der Rutsche Geduld haben und warten, bis du an der Reihe bist."

„Beim Plätzchenbacken brauchst du ganz viel Geduld. Weil das nämlich total lange

dauert", erzählt Tom. „Aber beim Warten kann man sich schon mal freuen."

„Ja, auf die leckeren Kekse!", rufen die Kinder lachend.

„Wie schön, dass ihr alle so gut wisst, was Geduld ist", sagt Kim.

Sie zeigt nach draußen. Es regnet Bindfäden.

„Wir können nämlich erst draußen spielen, wenn es wieder trocken ist."

Geduld haben bedeutet, dass du warten kannst. Oft wartest du auf etwas Schönes. Zum Beispiel auf deinen Geburtstag, an der Rutsche oder bis du etwas Süßes essen darfst.

Warum ist es schön, Geduld zu haben?

Wenn du Geduld hast, fühlst du dich ruhig und stark. Warten oder etwas noch einmal versuchen, ist dann nicht schlimm. Denn du weißt, dass du gleich an die Reihe kommst oder später etwas kannst, weil du so viel geübt hast.

Du brauchst Geduld, um …

… durchzuhalten, wenn du ein schwieriges Puzzle machst.

… zu warten, bis du eine Straße überqueren kannst.

… weiterzusuchen, wenn du einen Schuh verloren hast.

… zu lernen, wie du eine Schleife bindest.

… eine superlange Kette mit kleinen Perlen aufzureihen.

Warum müssen wir Geduld haben?

Wenn wir nicht warten, reden wir alle durcheinander. Wenn du ständig Kekse essen darfst, ist das nicht gesund. Wenn wir alle gleichzeitig auf der Rutsche rutschen, fallen wir runter!

Was ist Ungeduld?

Ungeduldig sein bedeutet, dass du nicht warten kannst. Du willst etwas jetzt und nicht erst später. Du bist genervt und fühlst dich gar nicht wohl.

Wann hast du Geduld? Und wann nicht?

 *Wenn du **Geduld** hast, kannst du warten. Geduld hilft dir, ruhig zu bleiben, durchzuhalten oder etwas noch mal zu versuchen.*

Immer nach-
einander

Rutsche

Tom sitzt oben auf der Rutsche. Wie hoch die ist!

Lina, Marie und Rafi stehen auf der Leiter hinter ihm und warten geduldig, aber Lukas

will nicht warten, bis Tom sich endlich von der Rutsche traut. Er gibt Rafi einen Schubs.

„Du darfst nicht schubsen!", ruft Rafi. „Du musst warten, bis du an der Reihe bist, Lukas!"

Lukas bleibt ungeduldig. „Mach schon! Ich will auch!", ruft er nach oben.

„Du musst warten, bis du dran bist!", rufen die anderen Kinder.

Lukas tritt wütend gegen die Blätter auf dem Boden. Dann geht Rafi aus der Reihe. Mit weit ausgebreiteten

Armen stellt er sich unten an die Rutsche. „Hey, Tom!", ruft Rafi nach oben. „Soll ich dich auffangen?"

Sssssssst!! Da saust Tom nach unten. Rafi fängt ihn lachend auf.

Jetzt sind die anderen Kinder dran. Nacheinander rutschen sie hinunter.

„Halt!", rufen die Kinder, als Lukas die Leiter raufklettern will.

„Du musst warten. Rafi ist vor dir dran!"

Immer der Reihe nach

Beim Spielen musst du manchmal Geduld haben. Dann darf dein Freund vielleicht zuerst die Schaufel haben oder das schöne neue Fahrrad. Du musst kurz warten. Und wenn du dran bist, müssen die anderen warten.

Warum ist es schön, sich abzuwechseln?

Wenn ihr euch abwechselt, weißt du sicher, dass du an die Reihe kommst. Du musst ein wenig Geduld haben, aber danach bist du dran!

Ungeduldig

Manchmal hat ein Kind keine Geduld. Es meckert, drängelt sich vor oder nimmt jemandem einfach ein Spielzeug weg. Das findest du auch nicht schön, oder?

Während du wartest, kannst du …

… mit anderen Kindern Spaß haben.

… ein Lied singen oder schöne Steine suchen.

… dem Kind zusehen, das schon an der Reihe ist und sich freut.

Geduldig

Es fühlt sich schön an, wenn andere geduldig warten, wenn du an der Reihe bist!

Wann musst du warten, bis du an der Reihe bist? Ist das schlimm?

 Wenn etwas anders läuft, als du möchtest, wirst du nicht direkt wütend oder traurig. Du denkst über eine Lösung nach. Das nennt man **Flexibilität.**

Lange warten

Erdbeeren

„Noch nicht rot!", ruft Lina enttäuscht.

Tatsächlich, die kleinen Erdbeeren sind noch immer grün. Lina schaut
jede Woche in Omas Garten nach. Sie findet eine schöne grüne Erdbeere. Die sieht
schon ziemlich lecker aus. Lina pflückt sie und steckt sie sich in den Mund.

„Igitt!" Schnell spuckt sie alles wieder aus. Grüne Erdbeeren sind sauer und hart.

„Du musst Geduld haben", sagt Oma lachend. „Erst wenn die Erdbeeren lange genug in
der Sonne gereift sind, werden sie rot und süß. Also keine grünen Früchte mehr pflücken,
sonst haben wir später nichts mehr übrig! Gib den Pflanzen nur Wasser.
Dann haben wir bald leckere süße Erdbeeren."

„Aber wie lange dauert das noch?", seufzt Lina.

„Jetzt ist es Frühling", sagt Oma. „Danach kommt der Sommer. Dann sind die
ersten Erdbeeren rot und du darfst sie pflücken."

Das dauert so lange! Lina und Oma gehen ins Haus. Oma schenkt Tee ein.
„Darf ich jetzt einen Keks?", fragt Lina. „Dann macht das Warten mehr Spaß!"

Warum dauert es so lange?

Manchmal brauchst du nur ganz kurz zu warten. Bis du schaukeln darfst, zum Beispiel. Andere Dinge dauern viel länger. Wie die Erdbeeren im Garten. Bevor du eine leckere Erdbeere essen kannst, musst du ganz viel Geduld haben.

Lange warten macht Spaß

Pflanzen Wasser geben, dafür sorgen, dass sie genug Sonne bekommen, und schauen, wie sie wachsen, macht Spaß. Beim Warten kannst du dich gut um deine Pflanze kümmern.

Was fühlst du?

Du bist stolz und froh, wenn die ersten Erdbeeren langsam rot werden, weil das bedeutet, dass du deine Pflanze gut versorgt hast! Es fühlt sich schön an, sich auf die süßen roten Erdbeeren zu freuen.

Wann musst du auch lange Geduld haben?

Wenn im Bauch deiner Mama oder deiner Tante ein Baby wächst, musst du sehr lange warten, bis du das Baby endlich sehen und mit ihm schmusen darfst. Du kannst jede Woche ein schönes Bild für das Baby malen. Vielleicht kannst du die Bilder sogar in einer Mappe sammeln!

Worauf hast du sehr lange gewartet? War das schwierig?

 *Wenn du weißt, was du willst, und zu Ende führst, womit du angefangen hast, bist du zielstrebig. **Zielstrebigkeit** bedeutet,*
Schritt für Schritt zu tun, was getan werden muss, um das Ziel zu erreichen. Es fühlt sich gut an zu wissen, was man will.

Vorfreude

Wach sein

„Morgen habe ich Geburtstag", flüstert Lukas seinem Kuschelhasen Flappi ins Ohr. „Vielleicht bekomme ich ja ein Fahrrad." Lukas hat so ein Kribbeln im Bauch. Wäre es doch nur schon morgen!

Erst muss er noch eine ganze Nacht lang schlafen. Lukas dreht sich um. „Gute Nacht, Flappi", sagt er.

Aber er kann nicht schlafen. Die Nacht dauert viel zu lange. Lukas denkt an die Torte und das Fest morgen.

Dann muss er zur Toilette. „Ich kann nicht schlafen", sagt er zu seinen Mamas. „Ich will, dass es jetzt schon morgen ist!"

„Ich kann die Uhr nicht schneller laufen lassen", sagt Mama Katrin, „aber … ich kann dir ein wenig extra Geduld zaubern. Hokuspokus fidibus, ich will, dass Lukas ein wenig geduldiger ist!"

Ob das hilft? Nach einer Umarmung von Mama Anna und einem Kuss von Mama Katrin kriecht Lukas wieder ins Bett. Er denkt noch kurz an die Torte und an das Geburtstagsfest, aber dann … Psst!

„Wie schön, dass du geboren bist …!" Singend setzen sich Lukas' Mamas an sein Bett.

Lukas wacht auf. Plötzlich ist es Morgen. „Also bin ich doch eingeschlafen!", sagt er erstaunt.

Und jetzt hat Lukas wirklich Geburtstag!

Ich kann es gar nicht erwarten!

Wenn du am nächsten Tag Geburtstag hast, kannst du gar nicht erwarten, bis es so weit ist. In deinem Bauch kribbelt es so sehr, dass du kaum einschlafen kannst. Dann kommt dir die Nacht wirklich sehr lang vor.

Wer lange wartet, freut sich auch lange

Wenn du lange Geduld haben musst, bevor ihr auf den großen Spielplatz geht, kannst du dich auch lange darauf freuen. Es kribbelt in deinem Bauch, wenn du dir überlegst, wie toll das wird!

Jetzt schon?

Die Zeit vergeht wie im Flug, wenn du mit deinem Freund oder deiner Freundin spielst, wenn du auf dem Spielplatz bist oder Fernsehen schaust. Hab Geduld: Morgen kannst du wieder weiterspielen oder weiterschauen.

Dann erst?

Die Zeit vergeht langsam, wenn du auf etwas Schönes warten musst. Bis der Fernseher eingeschaltet werden darf, bis du ein Eis bekommst oder bei Opa und Oma übernachten darfst, zum Beispiel. Geduld haben hilft dir beim Warten.

Was hilft?

Nimm dein Lieblingsbuch oder dein schönstes Spielzeug, wenn es dir schwerfällt, geduldig zu warten. Oder mal schon mal ein Bild, auf dem man sieht, was du gleich machen wirst.

Worauf freust du dich? Warum?

Wenn dir Spaß macht, was du tust oder tun wirst, bist du begeistert. Du denkst dir tolle Pläne aus. **Begeisterung** *fühlt sich gut an, weil sie dich und andere froh macht.*

Ungeduldig sein

Ich will aber jetzt!

„Möchtest du dir etwas aussuchen?" Die Verkäuferin zeigt auf ein großes Glas voller Süßigkeiten. Marie schaut zu Mama.

„Mach nur", sagt Mama lachend. Marie sucht sich einen großen Lutscher aus.

„Danke schön!", ruft sie. Draußen will Marie den Lutscher sofort auswickeln.

„Steck ihn in meine Tasche", sagt Mama. „Den heben wir für nach dem Essen auf."

Marie verzieht das Gesicht. „Aber ich will ihn jetzt!"

„Das geht nicht", erklärt Mama. „Papa hat lecker gekocht. Wenn du jetzt einen Lutscher isst, ist dein Bauch schon voll. Du musst ein wenig Geduld haben."

„Ich will ihn aber jetzt! Jetzt! Jetzt!" Marie quengelt noch eine Weile weiter. Wütend trottet sie hinter Mama her, aber als sie Papa sieht, rennt sie auf ihn zu. „Ich habe einen Lutscher bekommen! Den hebe ich für nach dem Essen auf." Papa lacht und gibt Marie einen Kuss. „Schön, dass du so geduldig bist!"

Wie fühlt sich Ungeduld an?

Wenn du ungeduldig bist, spürst du ein wenig Wut. Du willst etwas sofort! Weil du nicht warten kannst, quengelst und weinst du, um deinen Willen durchzusetzen.

Was kann bei Ungeduld helfen?

Was immer hilft, ist tief ein- und ausatmen, bevor du wütend wirst. Denke auch einmal darüber nach, was du selbst schöner findest: geduldig warten oder ungeduldig quengeln?

Hilft ungeduldig sein?

Meckern, quengeln, schubsen oder treten hilft nicht. Dadurch bekommst du nicht eher ein Eis oder ein Geschenk.

Verstehen

Geduldig sein ist leichter, wenn du verstehst, warum du warten musst. Ein Lutscher kurz vor dem Essen ist nicht klug. Das verstehst du natürlich. Und der Fernseher darf nicht den ganzen Tag laufen, weil du sonst nie mehr draußen spielen oder tolle Bilder malen könntest.

Was ist schöner?

Wenn du deinen Lutscher jetzt aufisst, hast du sofort etwas Leckeres. Aber wenn du kurz wartest, kannst du dich darauf freuen. Dann hast du später etwas Leckeres. Eigentlich ist das doppelt so schön.

Wann bist du ungeduldig? Was passiert dann? Ist das schön?

 *Wer weiß, wann es **genug** ist, braucht nicht immer mehr zu haben. Das fühlt sich gut an.*

Durchhalten

Üben

„Inliner fahren ist doof!", ruft Lina. Sie ist schon wieder hingefallen.

Tränen laufen über ihre Wangen, während sie auf ihre neuen Inliner schaut.

Hanna dreht um und fährt schnell zurück zu Lina.

„Ach was!", sagt sie und hilft Lina auf. „Du musst nur üben. Ich bin auch zuerst ganz oft

hingefallen, aber ich habe es weiter versucht, und da hat es immer ein wenig besser geklappt."

Lina wischt sich die Tränen ab. Plötzlich hat Hanna eine gute Idee.

„Nimm meine Hand und halt dich fest. Dann fällst du nicht so schnell hin."

Geduldig übt Lina, zusammen mit Hanna. Das geht gut!

Nach einer Weile traut sie sich sogar, Hannas Hand kurz loszulassen.

„Guck mal, Papa, ich kann schon Inliner fahren, ohne zu fallen!", ruft Lina.

Sie rollt in Papas Arme.

Hanna winkt Lina zu. „Morgen
üben wir weiter!"

Ich kann es einfach nicht!

Klavierspielen, sich die Schuhe zubinden, Radfahren und Inlineskaten: um etwas Schwieriges zu lernen, muss man viel und oft üben. Dazu braucht man Geduld.

Üben

Zum Glück macht Üben oft Spaß.
Schaukeln üben oder Radfahren oder Inlineskating sind schöne Beschäftigungen. Hnfallen ist nicht schlimm, weil du einfach wieder aufstehen kannst. Klappt es noch immer nicht, die Schuhe zuzubinden? Hab Geduld und versuche es später noch einmal!

Schwierig

Geduldig etwas Schwieriges üben ist nicht so einfach. Vielleicht kann dir jemand helfen. Du kannst auch mal anders üben als sonst. Oder du machst eine Pause. Danach klappt es vielleicht schon besser!

Wie ist das?

Wenn du etwas noch nicht gut kannst, fühlt sich das manchmal nicht gut an. Aber wenn du Geduld hast, weißt du, dass es bestimmt klappt, wenn du nur viel übst. Alle müssen üben, um etwas Schwieriges zu können. Die Erzieherin, dein Opa und der König. Und also auch du!

Geklappt!

Hast du lange geübt? Hat es geklappt? Dann bist du superstolz und froh!

Wann hast du etwas immer und immer wieder versucht? Wie war das?

 *Wenn du durchhalten kannst und weitermachst, bis etwas klappt, hast du **Ausdauer**. Du fühlst dich stark und stolz, wenn du durchgehalten hast.*

Du bist an der Reihe

Kurz

„Kim, Kim, Kim!" Lina wippt auf ihrem Stuhl hin und her. Sie streckt den Finger hoch in die Luft.

„Ein wenig Geduld", sagt die Erzieherin. „Tom erzählt gerade noch."

Nach Tom ist Rafi an der Reihe. Danach zeigt die Erzieherin auf Lina. „Jetzt darfst du."

Lina erzählt von ihren neuen Inlinern „Die sind blau und ich habe auch einen Helm. Den muss man aufsetzen, sonst tut man sich weh." Sie erzählt, wie oft sie hingefallen ist und dass sie immer weiter übt.

Lina möchte noch viel mehr über ihre schönen Inliner erzählen, aber Hanna wackelt ungeduldig mit den Beinen und Marie gähnt. Also sagt Kim: „Wie schön, dass du so fleißig übst, aber jetzt wird deine Geschichte ein wenig zu lang. Die anderen Kinder möchten auch noch was erzählen."

Die Erzieherin schaut sich im Kreis um und nimmt Lukas dran.

Er saß schon eine ganze Weile da und hat geduldig gewartet. Lukas setzt sich gerade hin. „Ich hatte Geburtstag. Und mein Geburtstagsfest war total schön." Mehr braucht Lukas nicht zu erzählen, weil ja alle Kinder dabei waren!

Erzählen

Es ist schön, von einem Fest zu erzählen. Oder von deiner Oma oder darüber, wie gut du schon inlineskaten kannst. Achte aber darauf, dass die anderen deine Geschichte nicht zu lang finden. Dann verlieren sie die Geduld.

Abwechselnd

Man redet immer abwechselnd. Du sprichst nicht in einem fort, sondern lässt die anderen auch etwas sagen. Dafür braucht man manchmal ein wenig Geduld. Ganz bestimmt, wenn du noch so viel mehr zu erzählen hast!

Was siehst du?

Wenn dein Papa oder dein Freund gähnt, macht deine lange Geschichte ihn müde. Vielleicht geht dein Freund weg oder Papa sagt: „Jetzt machen wir mal eine Pause."

Geduldig zuhören

Es ist schön, etwas zu erzählen, aber kannst du auch gut zuhören? Dann reden andere gerne mit dir. Möchtest du auch sehr gerne etwas erzählen? Sei trotzdem geduldig und warte, bis der andere zu Ende gesprochen hat.

Fragen

Es macht Spaß, etwas zu erzählen, aber etwas über den anderen zu erfahren, ist manchmal noch schöner. Frag mal Papa, die Erzieherin oder deinen Freund, worüber sie sich heute gefreut haben.

Wem hörst du gerne zu? Warum?

 *Wenn du an andere denkst, dich an die Regeln hältst und dich gut um andere, dich selbst und um deine Sachen kümmerst, hast du **Respekt**.*

Das dauert lange

Plätzchen backen

Tom und Papa backen Plätzchen „Darf ich den Teig kneten?", fragt Tom.

„Noch nicht", sagt Papa. „Erst mal Hände waschen." Plätzchen backen dauert lange.

Gemeinsam stellen Tom und Papa alle Zutaten bereit. Dann darf Tom alles mischen.

„Jetzt sind wir fertig, oder, Papa?", fragt Tom.

Nein, noch lange nicht. Tom darf aus dem Teig eine große Kugel rollen.

Die muss eine Weile in den Kühlschrank. Papa stellt den Wecker.

Als der klingelt, darf Tom die Kugel mit der Teigrolle ausrollen.

Danach sticht er schöne runde Kreise aus dem Teig. „Die kommen jetzt

auf das Backblech", sagt Papa. Er schiebt alles in den heißen Backofen.

Tom rennt in die Küche, als der Wecker wieder klingelt. „Fertig! Papa,

komm, Plätzchen essen!"

„Einen Moment", sagt Papa. „Erst müssen sie abkühlen."

Tom kann es kaum erwarten. Die Plätzchen sehen so lecker aus!

Und dann ist es endlich so weit. Sie legen die Plätzchen in eine Schale.

„Das sind die leckersten Plätzchen auf der Welt!", sagt Tom mit vollem Mund.

Schritt für Schritt

Plätzchen backen geht nur Schritt für Schritt. Also brauchst du Geduld. Erst musst du alle Zutaten bereitstellen. Vielleicht musst du sogar noch zum Supermarkt, um Eier oder Zucker zu kaufen.

Was lange dauert, ist lecker

Plätzchen backen dauert lange. Und man muss sich Mühe geben. Danach bist du richtig stolz. Darum schmecken die Plätzchen besonders gut!

Schritt für Schritt auch hier

Wenn ihr zum Beispiel schwimmen geht, möchtest du am liebsten sofort ins Wasser springen. Aber du brauchst Geduld: Erst musst du deine Badesachen packen. Papa muss Brote machen und dein kleiner Bruder braucht noch eine frische Windel.

Was kannst du tun?

Überleg mal, was du immer machen musst, bevor ihr losgeht. Zur Toilette gehen, deine Schuhe suchen, deine Tasche packen? Das kannst du alles schon selbst. So hilfst du mit und Papa freut sich. Und ihr könnt schneller los!

Vorfreude

Beim Warten kannst du dich freuen. Das ist oft fast genauso schön!

Wobei kannst du schon helfen? Wie geht das?

 Zusammenarbeit bedeutet, einander zuzuhören, sich gegenseitig zu helfen und gemeinsam zu überlegen, wie man etwas macht. Oft kann man zusammen viel mehr als allein.

Regen

„Igitt, jetzt fängt es an zu regnen!", ruft Marie. Gerade wollte sie zum Fußballspielen nach draußen gehen.

„Mama! Wann hört es auf zu regnen?"

Mama schaut in den Himmel. „Sieht so aus, als könnte das noch eine Weile dauern.

Du musst Geduld haben. Gleich wird es wieder trocken."

Seufzend hängt Marie ihre Jacke an die Garderobe und zieht sich die Schuhe wieder aus.

„Aber ich will so gern mit meinem neuen Ball Fußball spielen."

Der Regen prasselt gegen das Fenster. Marie will die dunklen Wolken am liebsten wegschieben.

„Kann niemand den Regen stoppen?", fragt sie und krabbelt auf Mamas Schoß.

„Nein", sagt Mama. „Mit dem Wetter braucht man einfach Geduld. Dann machst du

in der Zwischenzeit einfach etwas anderes. Dich mit Mama unterhalten, zum Beispiel."

Sie streichelt Marie über den Kopf und gibt ihr einen Kuss.

„Sieh mal, es ist trocken!", sagt Mama eine Weile später, aber Marie bleibt auf ihrem

Schoß sitzen. „Du wolltest doch Fußball spielen. Mit deinem neuen Ball."

Marie kuschelt sich an Mama. „Der Ball muss noch eine Weile Geduld haben.

Bei dir ist es so gemütlich!"

Aber ich wollte …

Wenn es regnet, kannst du nicht draußen spielen. Wenn du krank bist, kannst du nicht zu einer Geburtstagsfeier. Daran lässt sich nichts ändern, und wenn du es noch so gern möchtest. Du musst dann Geduld haben und warten, bis es wieder geht.

Manchmal musst du einfach Geduld haben, bis …

… dein Freund oder deine Freundin wieder zum Spielen zu dir kommen kann.

… das Geschäft wieder aufmacht.

… Oma und Opa aus dem Urlaub zurück sind.

… Mama von der Arbeit nach Hause kommt.

… du wieder gesund bist.

Was fühlst du?

Wenn du dich auf etwas Schönes gefreut hast und du kannst nicht hingehen, findest du das sehr schade. Vielleicht hast du schon lange geduldig darauf gewartet. Natürlich bist du dann traurig und enttäuscht.

Was kannst du tun?

Bist du traurig, weil etwas doch nicht stattfindet? Überlege dir, was du stattdessen machen kannst. Mal eine schöne Karte für deine kranke Freundin, die nicht zum Spielen zu dir kommen kann. Oder bastele große Wolken aus Watte und eine Sonne, die du vors Fenster hängst. Neue Pläne schmieden macht gute Laune.

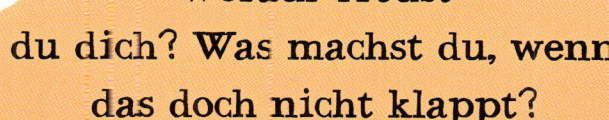

Worauf freust du dich? Was machst du, wenn das doch nicht klappt?

 Optimismus bedeutet, alles von der sonnigen Seite zu sehen. Wenn du darauf vertraust, dass etwas gut gehen wird, und an allem etwas Schönes entdeckst, bist du optimistisch.

Geduld haben

Puzzle

„Dieses hier passt auch nicht!", ruft Lina genervt.

„Hm", sagt Opa. In aller Ruhe durchsucht er weiter die Puzzleteile.

Ab und zu zeigt er auf eins. „Und das da?", fragt er. Aber das Teil passt auch nicht.

Unruhig wippt Lina auf ihrem Stuhl hin und her. „Dieses Puzzle ist viel zu schwierig", seufzt sie und wackelt mit den Beinen. Opa schaut Lina ernst an. Er kneift in ihre Wange und fühlt ihre Stirn.

„Ach ja, natürlich!", sagt er dann. „Jetzt weiß ich, was du brauchst."

Lina sieht ihn erstaunt an. „Eine neue Portion Geduld", sagt Opa lachend. „Für so ein schwieriges Puzzle braucht man sehr viel Geduld. Und deine Geduld ist jetzt alle. Komm mal mit." Neugierig hopst Lina hinter Opa her in die Küche. Zusammen machen sie Tee und schälen Mandarinen.

Gemütlich essen und trinken sie. „So", sagt Opa. „Jetzt besser?"

Lina nickt. „Hey, guck mal!", ruft sie. Am Tischrand liegt ein rotes Puzzleteil.

„Es passt! Dann gehört das da hin. Und dieses auch!"

„Siehst du", sagt Opa, „das Puzzle ist gar nicht so schwierig.

Du brauchtest einfach nur eine neue Portion Geduld."

Keine Geduld mehr

Um etwas Schwieriges zu machen oder zu basteln, braucht man viel Geduld. Die hat man nicht immer für lange Zeit.

Es hilft, wenn du mal eine Pause einlegst oder am nächsten Tag weitermachst.

Warum hast du manchmal zu wenig Geduld?

Vielleicht fällt es dir schwer, längere Zeit dasselbe zu tun. Vielleicht findest du es blöd, dass nicht alles sofort klappt. Das ist ganz normal. Manchmal dauert es einfach lange, bis das schwierige Puzzle fertig ist oder du gut Flöte spielen kannst.

Warum hast du manchmal viel Geduld?

Wenn du etwas total gerne machst, ist es einfach, lange durchzuhalten. Wenn Lukas malt, vergisst er, dass er Durst hatte. Er malt immer weiter, bis das Bild fertig ist.

Haben alle gleich viel Geduld?

Jeder ist anders. Manche Kinder haben sehr viel Geduld. Sie können stundenlang puzzeln oder Blockflöte spielen üben.
Geduldige Menschen bleiben oft ruhig, auch wenn um sie herum Trubel herrscht.

Kann man Geduld haben üben?

Geduld haben kann man üben. Statt sauer zu werden, sagst du dir: „Ich bleibe ruhig. Ich mache noch kurz weiter. Ich schaffe das."
Wenn du das oft übst, geht es immer besser.

Wann hast du etwas immer wieder versucht? Womit kannst du ganz lange spielen? Wie ist das?

 *Kannst du dich lange mit derselben Sache beschäftigen? Du machst weiter, bis du fertig bist, was immer um dich herum geschieht. Es fühlt sich gut an, sich ganz im Spiel oder in einer Aufgabe zu verlieren. Das nennt man **Konzentration**.*

Sind alle fertig?

Guten Appetit

Papa stellt einen großen Topf auf den Tisch.

„Hmm! Lecker!", ruft Hanna froh. Sie hält ihren Suppenteller an den Topf.

„Noch ein bisschen Geduld", sagt Papa. Erst schöpft er Suppe auf Mamas Teller.

Als Hannas Suppenteller auch voll ist, greift sie schnell nach ihrem Löffel. Sie rührt in ihrer Suppe.

„Warte mal bitte einen Moment auf die anderen", unterbricht Mama sie. „Papa und Finn haben noch keine Suppe."

Erst als die Suppenteller von Papa und Finn auch voll sind, fischt Hanna einen leckeren Kloß aus ihrer Suppe.

„Na, na!", sagt Papa lachend, als sie fast einen Bissen nimmt.

„Guten Appetit", sagt Hanna schnell.

„Guten Appetit", sagen auch die anderen.

Nun darf Hanna losessen. „Aua", ruft sie. Die Suppe ist noch viel zu heiß!

„Einen Moment Geduld. Erst pusten und rühren", sagt Papa.

Als die Suppe endlich ein wenig abgekühlt ist, löffeln sie die Teller leer.

Hanna möchte gern noch etwas, aber Finn ruft: „Fertig!"

Er will aus seinem Stuhl klettern.

„Na, na", sagt Hanna zu ihrem kleinen Bruder. „Ein wenig Geduld, du darfst erst vom Tisch aufstehen, wenn alle fertig sind."

Warum musst du auf die anderen warten?

Wenn ihr gemeinsam esst, ist es viel schöner, wenn ihr aufeinander wartet. Dann schmeckt das Essen noch besser!

Aber ich will jetzt essen!

Wenn dein Magen knurrt, ist es schwierig zu warten.
Aber mit ein wenig Geduld schaffst du das!

Wann wartest du auf andere?

Geht ihr draußen spielen? Dann wartest du geduldig, bis alle sich die Jacken und Schuhe angezogen haben. Es ist viel schöner, zusammen zu gehen, und aufeinander warten ist nett.

Wer wartet auf dich?

Ist es Zeit, nach Hause zu gehen?
Zum Glück geht Papa nicht ohne dich weg.
Er wartet geduldig, bis du fertig bist.

Auf wen musst du ab und zu warten? Wer wartet ab und zu mal auf dich?

 Höflichkeit mögen alle gern. Wenn du anderen zuhörst, wartest, bis du an der Reihe bist, und „Entschuldigung", „Danke" und „Hallo" sagst, bist du höflich.

Spielregeln

Memory

Tom ist an der Reihe. Er dreht eine Memorykarte um. Auf der Karte ist ein Vogel.
Schnell dreht er noch eine Karte um.
Nein, da ist kein Vogel drauf. Es ist eine rote Kirsche. „Du bist dran", sagt er enttäuscht.
Rafi schaut sich die Karten auf dem Fußboden lange an. Sie haben alle dieselbe Farbe.
„Nun mach schon!", seufzt Tom. „Nimm einfach eine." Er schaukelt hin und her.
Aber Rafi denkt in aller Ruhe nach. Soll er die Karte ganz oben nehmen? Oder
die Karte in der Ecke? Dann sucht er sich eine aus. Er dreht sie um.
„Hey, auch eine rote Kirsche!", sagt er erstaunt. Aber wo lag die
andere Kirsche noch mal?
„Ich weiß es! Ich weiß es!" Tom springt auf und zeigt auf eine Karte „Diese hier!", ruft er.
Rafi dreht die Karte um. „Ja, die rote Kirsche! Jetzt darf ich noch einmal!",
sagt er und lacht froh.
Tom schaut bedrückt. „Aber ich habe es vorgesagt, also darf ich jetzt eigentlich."
„Nein", sagt Rafi. „Dann hättest du's eben nicht vorsagen sollen. Ich darf noch einmal
und du musst einfach Geduld haben."

Ich weiß es!

Macht ihr ein Spiel? Dann musst du oft eine Weile Geduld haben. Manchmal weißt du die Antwort schon, oder du weißt, wo die richtige Karte liegt. Du willst es dann gern sagen, aber verrate es nicht! Warte in Ruhe ab, bis du wieder an der Reihe bist.

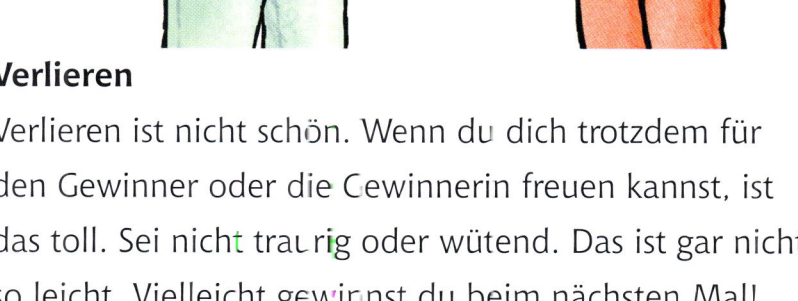

Gewinnen

Hast du das Spiel gewonnen? Dann freust du dich und bist stolz. Das fühlt sich gut an!

Verlieren

Verlieren ist nicht schön. Wenn du dich trotzdem für den Gewinner oder die Gewinnerin freuen kannst, ist das toll. Sei nicht traurig oder wütend. Das ist gar nicht so leicht. Vielleicht gewinnst du beim nächsten Mal!

Kennt deine Freundin das Spiel nicht?

Dann erklärst du ihr die Spielregeln. Versteht sie es nicht so richtig? Neue Spiele sind manchmal nicht einfach. Erkläre ihr geduldig noch einmal, wie es geht.

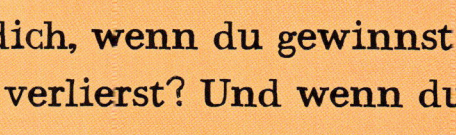

Wie fühlst du dich, wenn du gewinnst oder verlierst? Und wenn du lange warten musstest, bis du an der Reihe bist?

 *Wenn du etwas sehr gerne möchtest oder wenn du wütend oder froh bist, ist es toll, wenn du trotzdem ruhig bleiben kannst. Das nennt man **Selbstbeherrschung**.*

Frage

„Papa! Papa!", ruft Tom. Er zupft Papa am Ärmel, aber der hört ihn nicht.

Er telefoniert mit Oma. „Papaaaaaaa!" Tom ruft immer lauter.

„Na, na", sagt Papa. „Ist es so schlimm? Muss die Feuerwehr kommen?" Tom schüttelt den Kopf.

„Dann musst du ein wenig Geduld haben", findet Papa. „Ich spreche jetzt mit Oma. Gleich bist du an der Reihe."

Tom schaut ihn böse an. Er will nicht warten. Er will jetzt etwas fragen. Murrend steckt er die Hände tief in die

Hosentaschen. Hey, was ist denn das? Es ist glatt und rund ... Die glänzende gelbe Murmel!

Die hatte er ganz vergessen. Tom hat die Murmel heute Morgen von Rafi bekommen. Schnell rennt er zu seinem

Glas mit Murmeln. Es schaut sich all seine Murmeln an. So eine schöne gelbe hatte er noch nicht!

„So, jetzt habe ich Zeit für dich, Tom", sagt Papa nach einer Weile. „Was wolltest du

denn so dringend fragen?"

Tom schaut erstaunt. „Oh ja", sagt er und

nickt. Er denkt nach. „Das weiß ich

nicht mehr ..."

Aber ich will jetzt etwas fragen!

Manchmal ist es schwierig, eine Frage für später aufzuheben. Trotzdem muss das ab und zu sein. Wenn die Erzieherin einem anderen Kind hilft, wenn Papa telefoniert oder wenn Mama arbeitet, zum Beispiel.

Ist es sehr wichtig?

Denk erst mal gut nach. Kann deine Frage warten? Oder muss die Polizei oder ein Krankenwagen kommen? Nein? Dann musst du Geduld haben und eine Weile etwas anderes machen.

Nicht stören

Am besten sprecht ihr ab, wann du Papa, Mama oder die Erzieherin stören darfst. Es ist gut, die Regeln zu kennen. Dann kannst du dich daran halten.

Denk selbst nach

Wenn du eine Weile wartest, bevor du eine Frage stellst, fällt dir oft selbst schon die Antwort ein!

Jetzt bist du dran

Wenn Tom geduldig wartet, kann Papa sein Telefongespräch zu Ende führen. Danach hat Papa wieder Zeit für Tom. Tom hat seine Frage vergessen, aber er erzählt Papa alles über die schöne gelbe Murmel

Wann darfst du Mama oder Papa nicht stören? Und wann darfst du stören?

 *Wenn du dich selbst entscheiden oder dir eine Lösung überlegen kannst, bist du selbstständig. Du brauchst niemand anderen, weil du es selbst kannst. **Selbstständigkeit** fühlt sich stark an.*

Die Geduld verlieren

Verloren

„Nun iss mal schnell weiter, ja?", sagt Mama. Sie schaut auf die Uhr.

Langsam nimmt Lukas einen Bissen. Er sieht sich die Tierbilder in seinem Buch an.

„Beeil dich, Lukas, sonst kommen wir zu spät", sagt Mama. „Trinkst du deine Milch bitte aus?"

Lukas erschrickt. Schnell legt er das Buch zur Seite.

„Jetzt schnell Zähne putzen und Jacke und Schuhe anziehen. Dann können wir los."

Lukas geht zur Garderobe und zieht sich seine Jacke an.

Danach nimmt er seinen Schuh. Aber wo ist der andere geblieben?

„Mama, mein Schuh ist weg!"

Mit rotem Gesicht sucht Mama mit. Im Wohnzimmer? In der Küche?

„Hier ist er!", ruft Lukas. Er findet seinen Schuh beim Zähneputzen im Bad.

„Los, jetzt beeil dich!", sagt Mama ungeduldig. „Du sollst nicht so trödeln,

wenn wir wegmüssen. Und ständig verlierst du was. Wer vergisst seine Schuhe im Bad?"

Lukas schaut zu Mama. Er gibt ihr eine Hand. „Du verlierst auch schon mal was!", sagt er.

Mama schaut erstaunt. „Aha, was denn?"

„Na ja, jetzt zum Beispiel hast du deine Geduld verloren!"

Erwachsene sind auch ab und zu ungeduldig. Warum?

Erwachsene haben es oft eilig. Sie schauen auf die Uhr und müssen weg. Zur Arbeit oder zum Supermarkt. Wenn du trödelst, verlieren sie schnell die Geduld.

Erwachsene sind ungeduldig, wenn …

… sie ihre Schlüssel verloren haben.

… ihr vor einer Ampel lange warten müsst.

… du deine Tasche vergessen hast.

… du mal wieder vergessen hast, deine dreckigen Stiefel auszuziehen.

Was kannst du tun?

Natürlich hilft es, dich ein wenig zu beeilen. Wenn du schnell zu einem Geburtstagsfest möchtest, findest du es auch nicht schön, wenn Mama trödelt.

Geduldig bleiben hilft

Wenn du geduldig bist, bleibst du ruhiger. Du kannst dann besser warten, suchen, aufräumen und dich beeilen. Dann findest du deinen Schuh oder Papas Schlüssel schneller.

Was kannst du tun?

Wenn Mamas Geduld am Ende ist, schaut sie streng und schimpft. Wenn Papa die Geduld verliert, wird er wütend. Das ist nicht schön. Es hilft, wenn ihr danach „Entschuldigung" sagt und euch umarmt.

Verliert deine Mama oder dein Papa schon mal die Geduld? Warum? Und was hilft?

 Toleranz bedeutet, dass man ruhig bleibt, wenn etwas Blödes passiert. Du wirst nicht wütend, sondern denkst auch an die anderen.

Wer hat Geduld?

Beim Üben

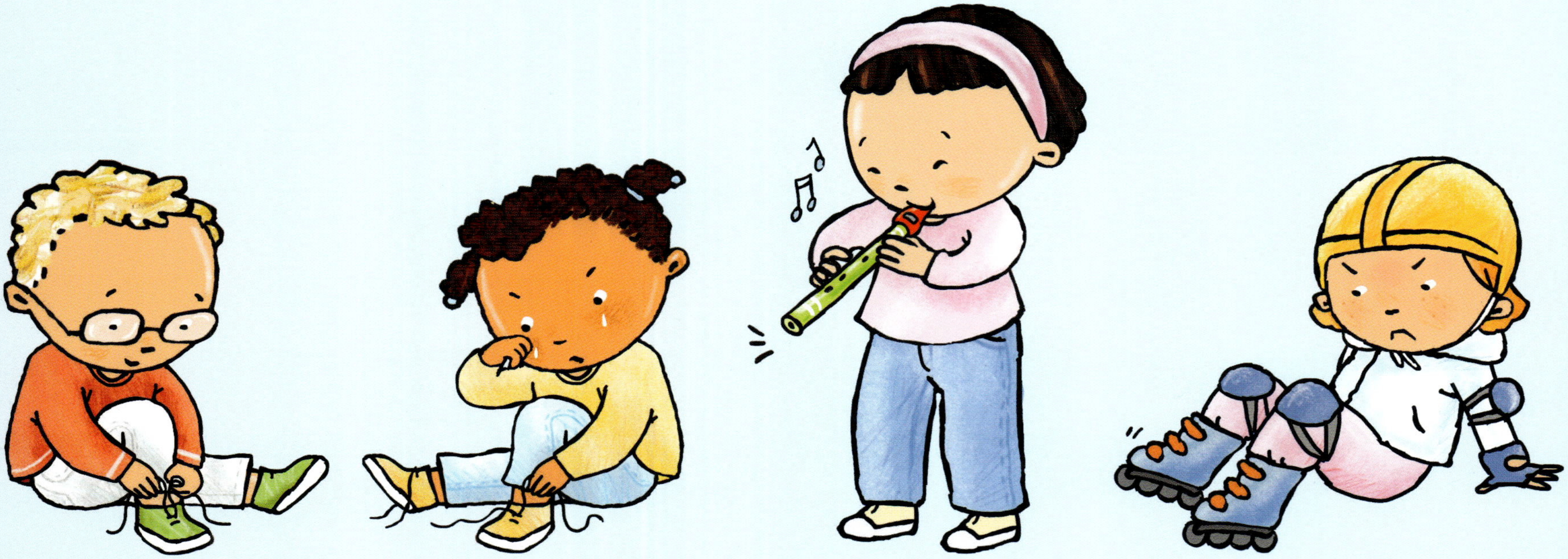

Beim Warten

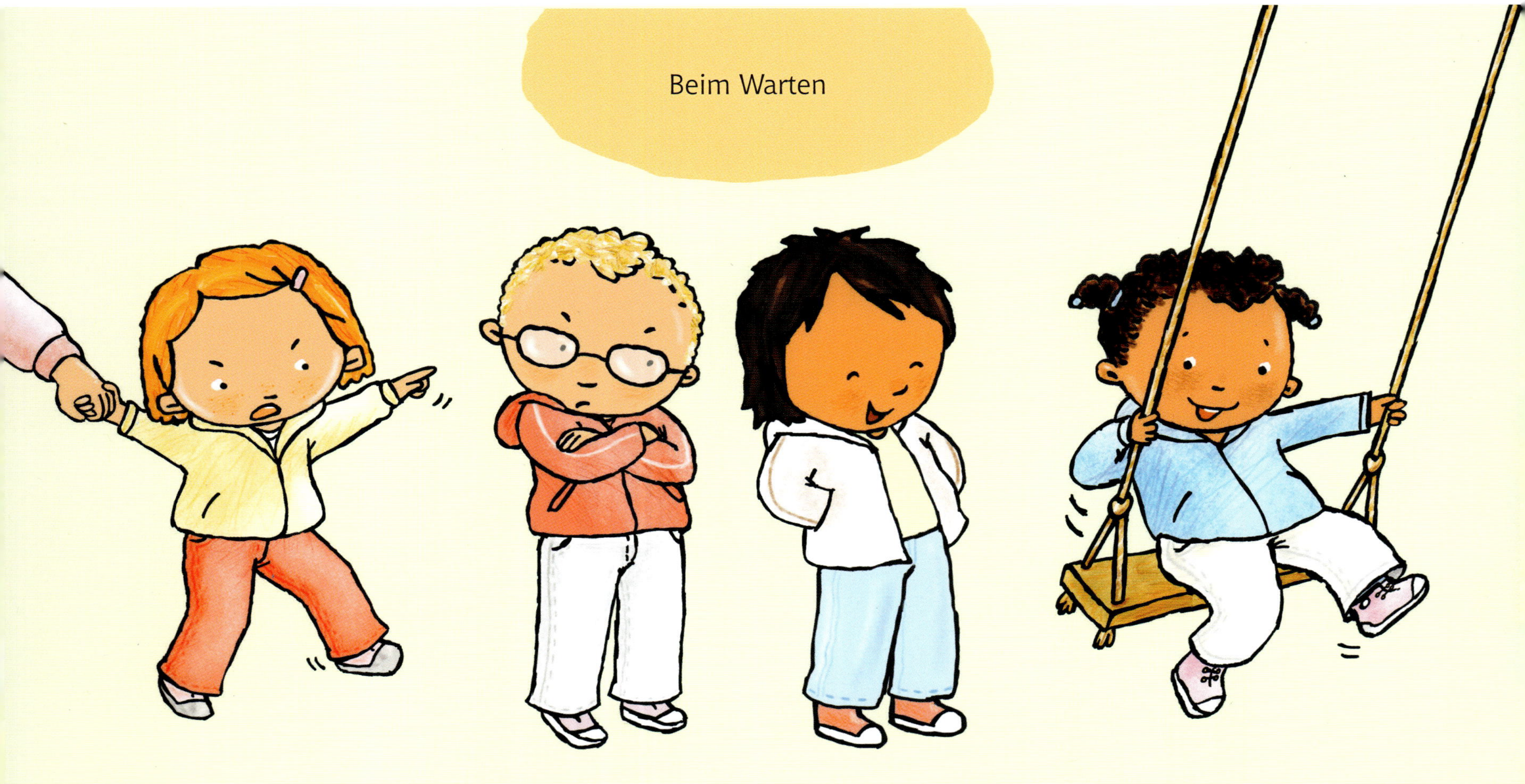

Wer hat keine Geduld?

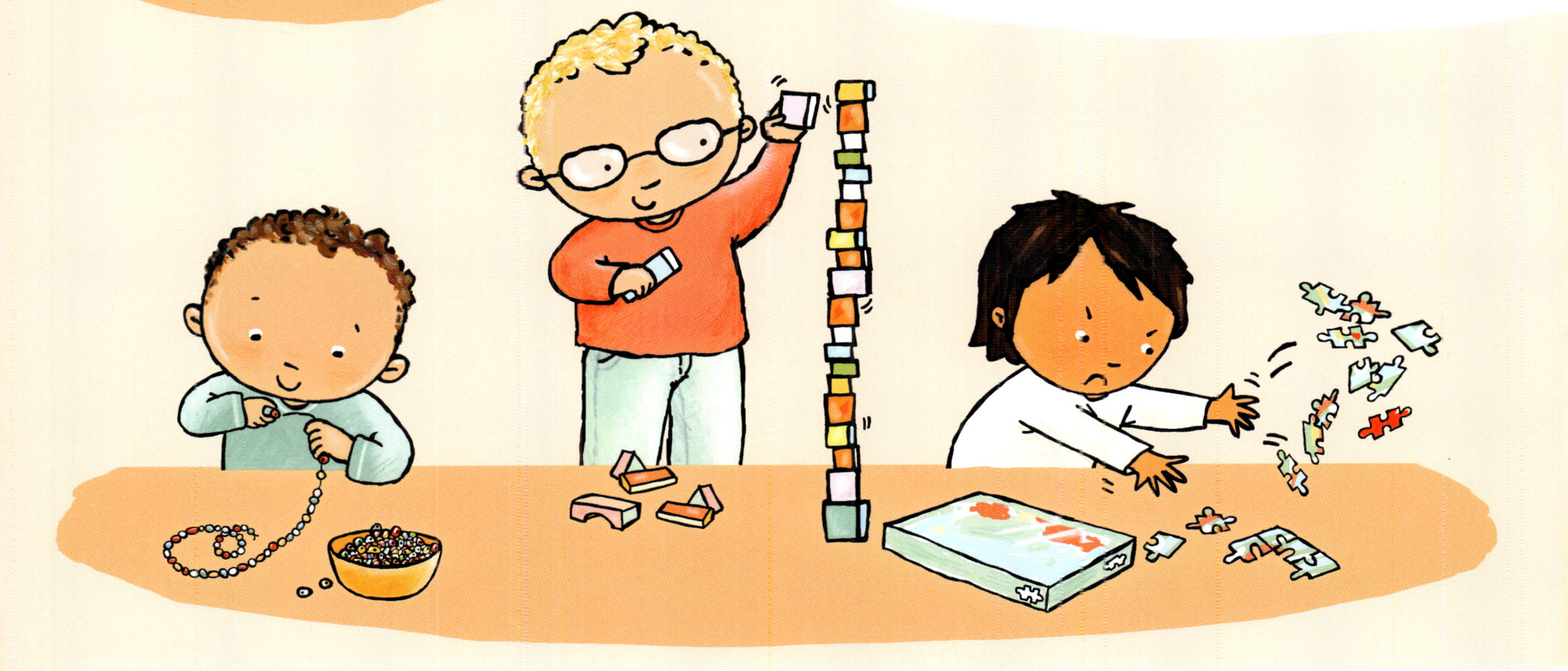

Beim Fragen

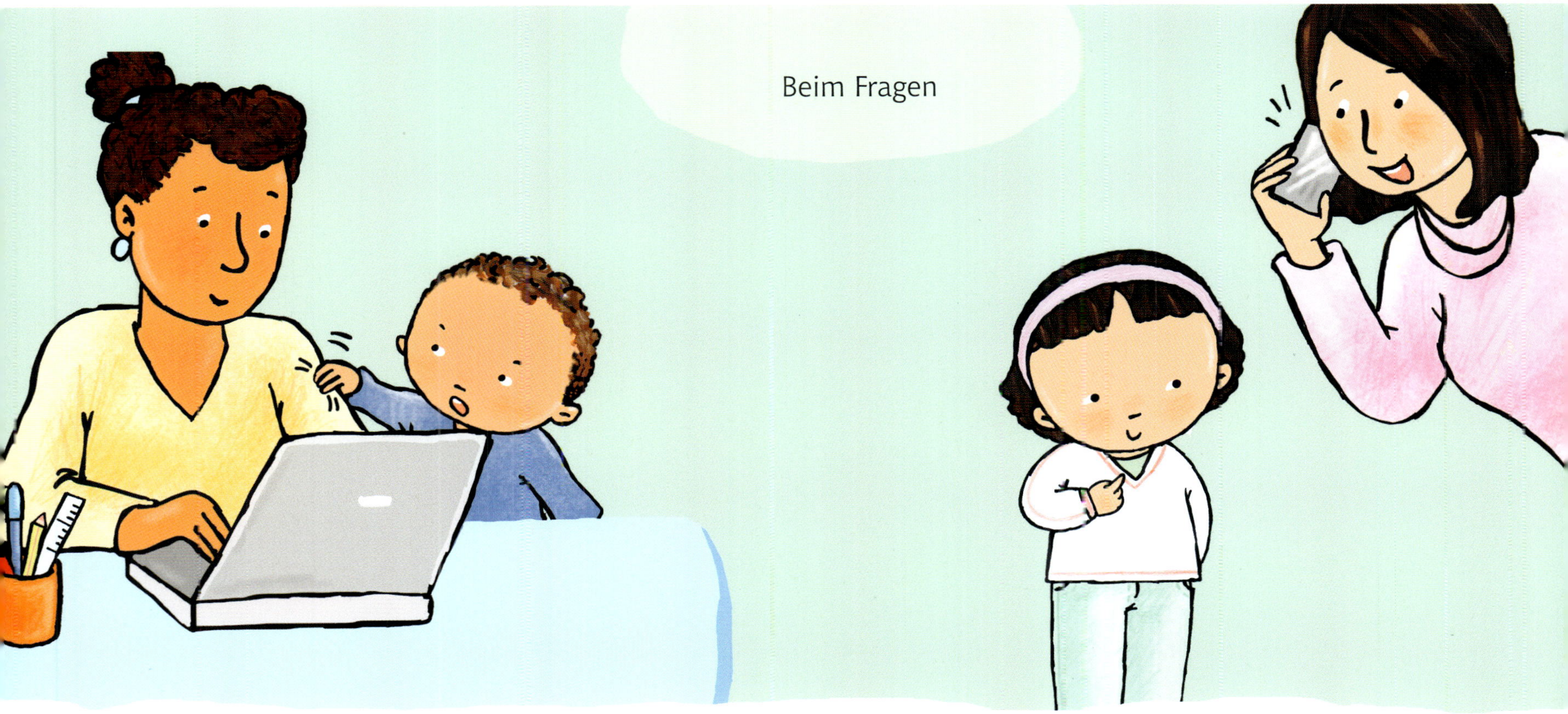

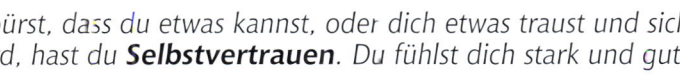 *Wenn du spürst, dass du etwas kannst, oder dich etwas traust und sicher weißt, dass es klappen wird, hast du **Selbstvertrauen**. Du fühlst dich stark und gut.*

Ich habe Geduld, weil ...

„... ich warte, bis alle fertig sind."

„... ich den Turm wieder aufbaue."

„... ich es immer wieder versuche."

„... ich meinen Lutscher für später aufhebe."

„... ich einfach abwarte, bis Papa Zeit hat."

„... ich weiter suche."

„… ich es noch einmal erkläre."

„… ich die Milch einfach schnell wegwische."

„… ich meiner Freundin helfe."

„… ich warte, bis ich an der Reihe bin."

„… ich warten kann."

„… ich weiter übe."

 *Wenn du Selbstvertrauen hast, fühlst du dich stark. Du strengst dich an und gibst nicht auf. Du hast **Kraft**.*